Grands Événements | numéro **18**

LES MANIFESTATIONS
DE LA PLACE TIAN'ANMEN

— Un mouvement pacifique
réprimé dans la violence

par Inès Glogowski

50MINUTES

Avec la collaboration de Magali Bailliot

LES MANIFESTATIONS DE LA PLACE TIAN'ANMEN

- **Quand ?** Du 15 avril au 5 juin 1989.
- **Où ?** À Pékin (Chine).
- **Contexte ?** La lutte de la population chinoise pour une libéralisation politique.
- **Protagonistes ?**
  - Deng Xiaoping, président de la Commission militaire centrale (1904-1997).
  - Hu Yaobang, secrétaire général du Parti communiste chinois (1915-1989).
  - Zhao Ziyang, secrétaire général du Parti communiste chinois (1919-2005).
  - Li Peng, homme politique chinois (né en 1928).
- **Répercussions ?**
  - L'arrestation des militants.
  - La fin du mouvement populaire pour la démocratie.
  - La condamnation par l'opinion internationale.
  - La censure du Gouvernement chinois.

Le 5 juin 1989, à proximité de la place Tian'anmen à Pékin, un homme se dresse seul sur la route et tente de bloquer le passage d'une longue procession de chars. Cette scène, photographiée et filmée par des journalistes étrangers, fait le tour du monde et provoque l'indignation.

Deux mois plus tôt, des manifestations avaient éclaté à la suite du décès de l'ancien secrétaire général du Parti communiste chinois (PCC), Hu Yaobang. Sous l'impulsion d'étudiants et d'intellectuels, elles donnent lieu à un véritable mouvement de contestation du pouvoir en place. Les banderoles et slogans scandés par les manifestants dénoncent la corruption et la censure du régime et appellent à plus de liberté. Le mouvement gagnant en ampleur, l'armée chinoise est appelée à y mettre un terme dans la nuit du 3 au 4 juin 1989, après sept semaines de contestation. La répression est sanglante et les arrestations sont nombreuses.

Si aujourd'hui encore, de nombreux groupes comme celui des Mères de Tian'anmen cherchent à comprendre pourquoi un tel événement a eu lieu, le Gouvernement chinois tente par tous les moyens d'effacer des mémoires cette intervention armée.

CONTEXTE

LA CHINE COMMUNISTE

Les années Mao

Figure emblématique du XXᵉ siècle, Mao Zedong (homme d'État chinois, 1893-1976) est le fondateur de la république populaire de Chine (1949). En cumulant les fonctions de président du Parti communiste chinois (1943-1976) et de président de la Commission militaire centrale (1954-1976), celui que l'on surnomme le Grand Timonier contrôle à la fois le parti et l'armée, s'imposant ainsi comme le dirigeant suprême de la Chine le numéro un du régime jusqu'à sa mort.

La nouvelle configuration politique instaurée en 1949 alloue en effet au parti communiste le contrôle de tous les organismes d'État. Très largement inspiré du modèle soviétique, le parti est centralisé, hiérarchisé et bureaucratique. Son idéologie et les fondements de son action reposent sur quatre principes :

- la voie socialiste ;
- la dictature du prolétariat ;
- la direction du PCC ;
- le marxisme-léninisme et la pensée de Mao.

Visant l'objectif ultime du communisme – à savoir une société sans classe et sans État, épurée de toute propriété privée –, Mao entraîne la population chinoise vers le collectivisme et la dictature du parti unique. Les terres cultivées des familles aisées sont dès lors confisquées et redistribuées aux familles pauvres. Les premières années du régime voient également l'endoctrinement de la population au moyen d'un vaste programme de transformation des mentalités. Le PCC devient le seul parti autorisé et instaure peu à peu un climat de terreur se traduisant par des exécutions et par l'ouverture de camps de concentration. En outre, dès 1954, l'Armée populaire de libération est envoyée dans les campagnes afin de rééduquer les populations et d'assurer l'emprise du parti.

L'Armée populaire de libération

L'Armée rouge chinoise est fondée en 1927 par le PCC lors de la guerre civile qui l'oppose au Guomindang, le parti nationaliste chinois. Rebaptisée Armée populaire de libération après 1945, elle repousse les forces armées de la république de Chine à Taïwan et permet à Mao de proclamer, le 1er octobre 1949, sur la place Tian'anmen, l'avènement de la république populaire de Chine. Par la suite, elle participe à de nombreuses opérations militaires, dont la répression des manifestations de la place Tian'anmen.

Mao a l'ambition de faire de la Chine l'une des plus grandes puissances du monde. Si dans un premier temps, il était proche du modèle de l'URSS, il finit par s'en éloigner pour adapter son projet à la situation chinoise. Des théories et pratiques politiques du dirigeant chinois naît le maoïsme, un courant du communisme qui refuse toute révision du marxisme-léninisme et la déstalinisation de la fin des années cinquante, et qui propose une vision tiers-mondiste et anti-impérialiste de la lutte.

Un marxisme-léninisme en révision ?

Avec la déstalinisation entreprise par Nikita Khrouchtchev (secrétaire général du Parti communiste soviétique, 1894-1971) dès 1956 – trois ans après la mort de Staline (1878/1879-1953) –, le marxisme-léninisme commence à se métamorphoser en URSS. Les réformes visent à dénoncer les dérives autoritaires du régime stalinien et le culte de sa personnalité, remettant ainsi en question l'infaillibilité des dirigeants du mouvement communiste.

Mao dénonce aussitôt cette nouvelle orientation, jugeant qu'il s'agit là d'un révisionnisme qui s'écarte dangereusement de l'orthodoxie marxiste-léniniste. Cette rupture idéologique marque le début du conflit sino-soviétique qui ne s'éteindra réellement qu'avec la chute de l'URSS. Si différentes tentatives de réformer le marxisme-léninisme sont ensuite entreprises dans plusieurs pays communistes, ce seront les *perestroïka* (restructuration économique) et *glasnost* (transparence) de Mikhaïl Gorbatchev qui, à la fin des années quatre-vingt, ébranleront véritablement les structures marxistes-léninistes, accompagnant l'agonie d'un système qui s'éteint, en Russie, en 1991.

Une succession mouvementée

Lorsque Mao meurt le 9 septembre 1976, c'est Hua Guofeng (1921/1922-2008), alors Premier ministre, qui prend la relève. Mais ce membre méconnu du Parti communiste chinois manque cruellement d'expérience et ne semble pas posséder les qualités nécessaires pour diriger le pays. Deng Xiaoping, ancien secrétaire général du parti, qui avait été évincé des sphères du pouvoir à plusieurs reprises, y voit à l'opportunité de revenir sur les devants de la scène politique, conforté dans cette idée par un contexte social qu'il juge propice à son retour.

Les paysans commencent en effet à abandonner le principe de la collectivisation pour une nouvelle politique initiée par ce dernier : le système de responsabilité, qui prévoit la location de terres aux paysans contre la vente de leurs récoltes à l'État. Si ces mesures sont favorables à l'activité, elles creusent un important écart économique entre les villes et les campagnes. En effet, les prix agricoles augmentent et les subventions de l'État en faveur des villes peinent à en endiguer les conséquences (inflation, déficit, etc.). En outre, on assiste en 1978 à une remise en question du maoïsme et à des manifestations prodémocratiques de la part des intellectuels. Des affiches rédigées par des citoyens, appelées *dazibaos* (littéralement « journaux à grands caractères »), sont placardées dans les universités et les rues de Pékin afin d'être lues par le public.

Avec le temps, les contestations sont de plus en plus fortes, et on assiste à un processus de démaoïsation, le rôle de l'homme d'État faisant l'objet d'une réévaluation critique. De nombreux Chinois se rallient à Deng Xiaoping, qui soutient dans un premier temps le mouvement démocratique des intellectuels dans le but de s'emparer du pouvoir. Mais lorsqu'il réussit à évincer Hua Guofeng, il se désolidarise du mouvement et place ses partisans à de hauts postes au sein du Gouvernement. L'ère de Deng Xiaoping peut alors commencer sur fond de lutte intestine au sein même du parti : d'un côté se trouvent les conservateurs et de l'autre, les réformateurs, regroupés autour de Deng Xiaoping et de ses deux adjoints, Hu Yaobang et Zhao Ziyang.

LE TEMPS DES CONTESTATIONS

La Chine se lance ensuite dans le socialisme de marché, nouvelle étape transitoire avant d'aboutir au communisme. Il s'agit d'adopter des techniques capitalistes afin de développer la base matérielle – l'économie – sans pour autant se rallier à ses théories. Deng Xiaoping initie la politique des quatre modernisations, qui concerne les domaines suivants : l'agriculture, l'industrie, les sciences et technologies, ainsi que l'armée. La Chine connaît alors une véritable rupture, la lutte des classes n'étant plus définie comme prioritaire.

Dans les années quatre-vingt, les résultats des réformes se font sentir. Mais cette libéralisation économique ne va pas de pair avec les réformes politiques attendues par la majorité de la population. Le besoin d'un changement se fait de plus en plus perceptible, et ce dès le milieu de la décennie. En effet, la nouvelle dynamique mise en place favorise les inégalités, les fraudes et la corruption contre lesquelles l'État chinois semble impuissant.

C'est le milieu estudiantin qui, le premier, laisse éclater sa colère au cours de grandes manifestations (1985 et 1987-1988), qui ne sont toutefois pas suivies par le reste de la population. Dans le but de faire taire les critiques et les revendications estudiantines, le Gouvernement édicte une série de nouvelles règles contraignantes. Par celles-ci, chaque diplômé de l'enseignement supérieur se voit obligé de prester deux années de travail avant de pouvoir choisir sa propre voie. En outre, 30 % des étudiants promus sont désormais contraints d'accepter des postes assignés par le Gouvernement. Mais ils ne sont pas les seuls à être mécontents. Des dissensions éclatent au sein même du parti. Hu Yaobang, secrétaire général du PCC, apporte son soutien aux manifestations et s'oppose à l'édiction de ces nouvelles règles. Pour cette raison, il est destitué de ses fonctions en 1987 et est remplacé par Zhao Ziyang.

En 1988, le conflit déjà entamé entre réformateurs et conservateurs au s'envenime. Cette division favorise l'apparition de contestations, mais c'est la mort de l'ancien secrétaire général du parti qui met le feu aux poudres. Et pour cause : les étudiants voyaient en Hu Yaobang un héros soutenant leur cause lorsqu'avaient éclaté les manifestations de 1987. Le jour de sa mort, le 15 avril 1989, désireux de lui rendre un dernier hommage, ils se réunissent. Mais ce qui devait être une simple cérémonie funèbre en sa mémoire se transforme rapidement en une manifestation de masse contre le pouvoir en place.

ACTEURS PRINCIPAUX

DENG XIAOPING, PRÉSIDENT DE LA COMMISSION MILITAIRE CENTRALE

Né le 22 août 1904 dans le Sichuan, Deng Xiaoping est envoyé par un mouvement philanthropique chinois en France pour y poursuivre ses études en 1920. Le soutien financier aux étudiants chinois s'amenuisant suite à une importante augmentation du coût de la vie, les migrants chinois, dont Deng Xiaoping, doivent travailler pour survivre. Ce dernier entre alors dans une usine de fabrication de chaussures ainsi que chez *Renault* afin de subvenir à ses besoins. C'est dans ce cadre qu'il découvre le marxisme, encore inconnu en Chine faute de traduction. C'est également en France qu'il rencontre et cohabite avec l'un des futurs fondateurs du Parti communiste chinois, Zhou Enlai (1898-1976).

De retour en Chine, après un passage dans l'armée, Deng Xiaoping se concentre sur l'activisme politique dans les rangs du PCC, dont les partisans sont durement réprimés par les autorités du Guomindang. C'est durant cette guerre civile qu'il devient une figure de premier plan au sein du parti. Il exerce en son sein des rôles clés, comme celui de chef politique et de la propagande, mais aussi de négociateur avec les nationalistes. Il participe à la conquête des régions du Sud, contribuant à l'édification de la nouvelle république populaire de Chine.

Dès 1952, il entre au Gouvernement, en assumant notamment la charge de ministre des Finances. Il poursuit sa prometteuse carrière dans les hautes instances du parti. L'échec du Grand Bond en avant, l'importante réforme économique entreprise par Mao l'amène à concevoir le programme de réajustement économique au cours des années 1960-1962. Ses positions entraînent son éviction et sa disparition de la vie publique lors de la Révolution culturelle de 1966.

Malgré un retour en grâce en 1973, les contestations qui ont lieu sur la place Tian'anmen trois ans plus tard, lors de la mort du Premier ministre Zhou Enlai, lui sont imputées.

Il est donc une nouvelle fois écarté du pouvoir. Quelques mois plus tard, Mao meurt. Son successeur, Hua Guofeng, un modéré, souhaite consolider sa position en dénonçant les abus de la Révolution culturelle qu'il impute directement aux collaborateurs du défunt, surnommés la Bande des Quatre. La chute des héritiers radicaux de Mao permet à Deng Xiaoping d'être à nouveau réhabilité en 1977. Un an plus tard, grâce à l'impopularité de Hua Guofeng au sein du PCC, il réaffirme son pouvoir en ralliant la majorité à ses idées. Il lance alors la Chine dans un processus de démaoïsation et de modernisation, et devient ainsi le dirigeant de fait de la république populaire de Chine de 1978 à 1992.

Bien qu'il quitte ses principales fonctions officielles en 1980 et 1982, il continue d'exercer son pouvoir par l'intermédiaire de ses proches qu'il a placés à la tête du Gouvernement et du parti. Il quitte ensuite le Bureau politique et le Comité central du PCC en 1987. Conservant sa place à la tête de la Commission militaire cen-trale, son influence reste toujours très forte, comme le démontre la répression sanglante des manifestations de 1989 qu'il a lui-même ordonnée en signant l'ordre de loi martiale le 20 mai. Il meurt le 19 février 1997.

HU YAOBANG, SECRÉTAIRE GÉNÉRAL DU PCC

Né en 1915 dans la province de Hunan (Chine méridionale), Hu Yaobang rejoint les rangs de la Ligue de la jeunesse communiste à 14 ans. Il participe à la Longue Marche, le périple de l'Armée rouge chinoise pour échapper au Guomindang durant la guerre civile, et sert dans l'armée sous les ordres de Deng Xiaoping.

Intégrant l'appareil politique, il devient responsable du parti dans le Sichuan, puis dans d'autres régions de Chine. Proche de la mouvance de Deng Xiaoping, il subit de plein fouet, comme ce dernier, la Révolution culturelle. Les deux hommes sont écartés du pouvoir après les incidents qui se produisent sur la place Tian'anmen en avril 1976.

Revenu aux affaires avec Deng Xiaoping, Hu Yaobang entre au Bureau politique en 1978, devient secrétaire général deux ans plus tard, et remplace Hua Guofeng à la présidence en juin 1981. Responsable du programme de réhabilitation des Chinois victimes de la Révolution culturelle de Mao, il devient populaire pour sa tolérance des réformes politiques et pour son engagement pour la démocratisation du régime.

S'il était soutenu jusque-là par Deng Xiaoping, les manifestations de décembre 1986 entraînent sa chute. Accusé de sympathie pour les idées prônées par les étudiants, il est forcé de présenter sa démission en janvier 1987 et est remplacé par Li Peng.

C'est sa mort qui suscite en 1989 les manifestations qui formeront les prémisses des protestations contre le régime. Du mouvement de commémoration de l'ancien dirigeant naîtront de véritables revendications de démocratie et de liberté.

ZHAO ZIYANG, SECRÉTAIRE GÉNÉRAL DU PCC

Né en 1919, Zhao Ziyang rejoint la Jeunesse communiste en 1932, alors qu'il n'a que 13 ans, et devient membre du parti six ans plus tard. Il intègre ensuite l'armée où il occupe des postes principalement administratifs. Cadre du parti dans le Guangdong (Chine du Sud) à partir de 1951, il contribue au programme économique maoïste du Grand Bond en avant. Cette expérience difficile le conduit à se rapprocher des idées de Deng Xiaoping, qui promeut des mesures politiques et économiques modérées. Mais cette orientation politique lui vaut d'être renvoyé dans différents camps de travail durant la Révolution culturelle.

Les succès économiques rencontrés dans sa carrière d'administrateur local retiennent l'attention de Deng Xiaoping qui le lance sur la scène nationale après la Révolution culturelle. Il devient ainsi membre du Comité central dès 1973 et du Comité permanent du Bureau politique en 1980. Toujours appuyé par Deng Xiaoping, Zhao Ziyang succède à Hua Guofeng au poste de Premier ministre en septembre 1980 et au poste de secrétaire général en janvier 1987. Cependant, les difficultés rencontrées par ses réformes économiques, dues essentiellement à l'inflation qui pèse sur les ménages alors que les salaires n'augmentent que très faiblement, le mettent en opposition avec Li Peng et lui font perdre le soutien du dirigeant de la république populaire de Chine. En 1989, accusé de collusion avec les manifestants de Tian'anmen parce qu'il préconisait le dialogue, contrairement à Li Peng, partisan du recours à la force, il est contraint d'abandonner ses fonctions de secrétaire général. Il est alors placé en résidence surveillée jusqu'à sa mort en 2005.

UN TÉMOIGNAGE POST MORTEM

En 2009 est publié *Prisoner of the State: The Secret Journal of Premier Zhao Ziyang* (*Mémoires. Un réformateur au sommet de l'État chinois*), livre compilé à partir de cassettes enregistrées secrètement par Zhao Ziyang entre 1999 et 2000, qui souligne notamment l'implication de Deng Xiaoping dans la répression de 1989. L'ouvrage confirme les informations révélées par le *Tian'anmen Papers*, livre basé sur des documents officiels chinois et publié sans l'autorisation des autorités.

LI PENG, SECRÉTAIRE GÉNÉRAL DU PCC

Fils d'un des premiers martyrs du PCC, l'écrivain Li Shouxun, Li Peng est adopté en 1939 par Zhou Enlai. Son éducation lui permet de devenir technicien dans une compagnie d'énergie. Diplômé en ingénierie hydroélectrique à Moscou, il occupe des postes à responsabilités dans le domaine de l'énergie en Chine.

Il entre dès 1979 dans le Gouvernement chinois et le parti dès 1979. Soutenu par le camp conservateur, adepte de la planification et du contrôle du marché, Li Peng est toujours en conflit avec le réformiste Zhao Ziyang qu'il remplace au poste de Premier ministre en 1987 après la chute de Hu Yaobang. Résolument opposé aux revendications portées par les étudiants de Tian'anmen, Li Peng rompt les contacts avec ceux qu'il accuse d'être contre-révolutionnaires. Avec l'aval de Deng Xiaoping, il fait couler le sang sur la place et reste connu dans l'histoire comme le boucher de Tian'anmen. Malgré son rôle prépondérant dans la répression, Li Peng conserve son poste de Premier ministre jusqu'en 1998.

LES MANIFESTATIONS
DE LA PLACE TIAN'ANMEN

LE DEUIL COMME PRÉTEXTE

Le 15 avril 1989, les étudiants saisissent l'occasion de la mort du réformateur Hu Yaobang pour faire entendre leurs réclamations et revendications. Les campus se couvrent de *dazibaos*, et une première grande marche est organisée le 18 avril, avec la place Tian'anmen pour destination.

LA PLACE DE LA PORTE DE LA PAIX CÉLESTE

La place Tian'anmen se situe au cœur de la ville de Pékin, à l'entrée sud de la Cité interdite. Lieu hautement symbolique de la république populaire de Chine, elle regroupe les principaux bâtiments liés au pouvoir. Créée sous la dynastie des Ming (1368-1644), elle est bordée à l'ouest par le palais de l'Assemblée populaire et à l'est par le musée national de Chine. Au centre se trouve le monument des Héros du peuple qui prend la forme d'un obélisque haut de 38 mètres, dédié au triomphe du peuple communiste. Dans le prolongement sud de l'obélisque se situe le mausolée de Mao.

La place Tian'anmen est témoin de nombreux mouvements populaires qui ont émaillé l'histoire moderne de la Chine, comme celui du 4 mai 1919 lorsque, indignés par les décisions prises lors du traité de Versailles en matière de répartition des territoires, des milliers d'étudiants s'y sont réunis pour manifester leur opposition. Elle est aussi le lieu de rassemblement du mouvement du 30 mai 1925 et des terribles grèves qui ont fait suite à la mort de plusieurs civils chinois sous les balles de policiers britanniques à Shanghai. C'est également à cet endroit que Mao proclame en 1949 l'entrée du pays dans l'ère communiste, et, qu'en 1976, les étudiants commémorent la mémoire de Zhou Enlai tout en protestant contre la politique des dirigeants chinois.

Au commencement, le rassemblement de 1989 n'est pas perçu comme dangereux par les autorités, et nul ne semble s'inquiéter de ces milliers d'étudiants qui défilent. Pour le Gouvernement et les dirigeants du

PCC, il ne peut que s'essouffler rapidement. Lors des funérailles de Hu Yaobang qui ont lieu le 22 avril, une importante manifestation est organisée, réunissant plus de 100 000 personnes. Le boycott des cours est décrété dans les universités. Les marches se succèdent et s'étendent aux principales villes du pays sans rencontrer d'obstacles.

REVENDICATIONS ET MOBILISATION GÉNÉRALE

Bien que les revendications et marches étudiantes soient fréquentes dans les années quatre-vingt, elles n'obtiennent jamais le soutien de la population urbaine. La tendance s'inverse pourtant en mai 1989 : si au début du mouvement, les requêtes étaient encore assez parti-culières et relevaient surtout du contexte académique (la création de dortoirs décents, d'un programme pour partir étudier à l'étranger, etc.), le ras-le-bol et la mobilisation s'étendent cette fois rapidement.

Lorsque la population se joint aux étudiants, les motifs de grogne touchent des sujets plus sérieux, comme l'abandon de la réforme poli-tique, la hausse des prix, la corruption des cadres ou encore la rapide accumulation de richesses chez certains fonctionnaires. Sur les bande-roles et *dazibaos*, des slogans appellent à une plus grande liberté de la presse et réclament, en outre, une plus grande démocratie au sein du parti. Malgré tout, le mouvement se veut non violent et loyal au PCC. Les manifestants critiquent en effet les dirigeants chinois et soulignent leur incompétence, mais ne s'opposent pas véritablement au régime communiste, préconisant plutôt des réformes en vue de l'améliorer.

LE SAVIEZ-VOUS ?

Au cours des faits, les étudiants de l'Institut central des beaux-arts érigent au milieu de la place Tian'anmen une déesse de la démocratie. Cette statue de plâtre, les cheveux au vent et brandissant une torche, ressemble à la statue de la Liberté de New York. Une nouvelle déesse de la démocratie a été érigée en 1994 à San Francisco en mémoire des événements de 1989.

Reproduction de la Déesse de la démocratie de la place Tian'anmen.

L'ÉDITORIAL DU 26 AVRIL

Au fil des jours, les *dazibaos* allant à l'encontre de Deng Xiaoping se multiplient, dénonçant son grand âge (85 ans en 1989) et sa trop grande implication dans le Gouvernement. Le 26 avril, ce dernier fait publier dans le *Quotidien du peuple*, le principal journal du parti, un éditorial qui dénonce des troubles commis par une minorité et interdit toute nouvelle manifestation. Mettant en garde les participants, il les accuse d'être des contre-révolutionnaires et de vouloir profiter de la mort de Hu Yaobang pour tenter de renverser le parti. Le secrétaire général, Zhao Ziyang, qui revient d'une visite officielle en Corée du Nord, tente de relancer le dialogue entre les manifestants et le Gouvernement et de faire modifier les résolutions portées par l'éditorial publié en son absence. En vain. La rupture est désormais nette entre le mouvement de Tian'anmen et le parti.

Pourtant celui-ci n'avait que très peu réagi depuis le début des événements. Et pour cause ! Le parti, divisé entre conservateurs et réformateurs, peine à s'accorder sur les mesures à prendre pour enrayer les manifestations. La poursuite des actions estudiantines entraîne par conséquent des discussions houleuses. Alors que Zhao Ziyang, plus modéré, insiste sur l'importance de répondre aux inquiétudes de la population, tout en poursuivant la réforme politique, le Premier ministre Li Peng souhaite d'abord rétablir l'ordre avant d'envisager une quelconque réforme.

LA GRÈVE DE LA FAIM

Après la manifestation commémorative du 4 mai, certains étudiants reprennent le chemin des cours tandis que d'autres, plus radicaux, sont favorables à la poursuite du mouvement. Leurs revendications n'étant pas écoutées par le Gouvernement, plusieurs milliers de manifestants décident d'entamer une grève de la faim le 13 mai. Cette nouvelle stratégie menace de discréditer le régime et lui fixe également un ultimatum. De plus, elle renforce encore le soutien des citoyens à l'égard des manifestants, qui exigent par ailleurs que leur mouvement soit reconnu par le Gouvernement comme action patriotique et constructive, et non comme fauteur de troubles.

Le 18 mai, une rencontre est finalement organisée entre plusieurs leaders étudiants et le Premier ministre Li Peng. Cette entrevue est retransmise à la télévision nationale comme l'ont exigé les étudiants. Ces derniers accusent le Gouvernement de ne pas prendre en compte leurs revendications et d'être trop lent à réagir alors que des vies humaines sont en jeu. Wuer Kaixi (né en 1968), un des leaders étudiants, dira alors : « Si un seul gréviste de la faim choisit de rester là-bas [la place Tian'anmen] nous ne pouvons garantir que des milliers d'autres partiront » (tiré de *Manifestations de la place Tian'anmen. Mystères d'archives*, documentaire de Serge Viallet, France, 2011). Gréviste de la faim hospitalisé à plusieurs reprises, il ne porte alors plus d'autre vêtement que son pyjama, même en présence du Premier ministre. De cette rencontre orageuse ne sortiront que peu de résultats : les étudiants ont gagné en visibilité, mais Li Peng est plus convaincu que jamais de la nécessité de mener une répression.

LA VISITE DE GORBATCHEV

Au même moment, Gorbatchev (homme d'État russe, né en 1931) est en séjour à Pékin. Il s'agit d'une visite historique puisque le président de l'URSS désire entamer une réconciliation avec le pouvoir chinois afin de mettre un terme à la rupture sino-soviétique survenue dans les années soixante. Sa présence sur le sol chinois galvanise les manifestants qui voient en lui le modèle du réformateur démocrate, totalement opposé à leurs propres dirigeants.

Alors que le mouvement de protestation s'étend aux quatre coins de la Chine, des milliers de Chinois issus des provinces rejoignent la capitale pour prendre part au mouvement. Les étudiants refusant toujours de quitter la place, le programme officiel de la visite est quelque peu perturbé, ce qui ne fait qu'accroître l'irritation des dirigeants et en particulier celle de Deng Xiaoping. Cette visite, qui aurait dû être un des plus grands moments de l'histoire de la Chine, se transforme en humiliation pour le régime. De fait, la visite du chef d'État soviétique a pour conséquence de renforcer la couverture des événements – pourtant déjà très importante – par les médias occidentaux. Désireux de se faire connaître sur la scène internationale, les manifestants rédigent des banderoles et des calicots en français et en anglais.

LA RÉPRESSION DU MOUVEMENT

La loi martiale du 19 mai

Si l'aspect non violent du mouvement ainsi que sa loyauté envers le pays et le parti avaient permis d'éviter la confrontation et la répression pendant plusieurs semaines, les dirigeants se montrent de plus en plus exaspérés. Pour y mettre un terme, Li Peng, sous les conseils de Deng Xiaoping et d'anciens du parti, décrète la loi martiale dans la nuit du 19 au 20 mai, jugeant, comme Mao en son temps, que le massacre est nécessaire lorsque l'autorité du parti est en jeu. Le secrétaire général du parti Zhao Ziyang, qui refuse d'endosser la responsabilité d'une telle décision, démissionne sur-le-champ.

Accusé de prendre le parti des manifestants, il est mis au ban du PCC. Le 20 mai à l'aube, les troupes sont envoyées pour disperser les militants et grévistes de la place. Mais la population pékinoise occupe les principales artères de la capitale et construit des barricades aux portes de la ville pour empêcher les troupes de parvenir jusqu'à la place Tian'anmen.

La nuit du 3 au 4 juin : le grand nettoyage

Suite à l'annonce de la loi martiale, les manifestations perdent de leur intensité dans l'ensemble du pays, et les étudiants issus des provinces quittent progressivement Pékin. Mais l'ordre n'est pas rétabli pour autant. Les troupes se préparent à affronter les étudiants qui persistent dans leur combat. Le 2 juin dans la matinée, les anciens du parti – dont Deng Xiaoping – ainsi que le Gouvernement se réunissent afin de décider de la meilleure manière de mettre fin aux troubles qui secouent le pays depuis plusieurs semaines. Ils s'accordent finalement sur le « nettoyage » de la place, et l'intervention militaire est approuvée.

Lorsque les troupes armées en provenance de régions éloignées pénètrent dans Pékin le lendemain, des heurts éclatent avec la population qui ne les accueille pas avec bienveillance. Un accident met véritablement le feu aux poudres à quelques kilomètres de Tian'anmen lorsqu'un car de police renverse trois cyclistes. Cet accident, intentionnel selon les manifestants, provoque une vague de violence : la foule s'en prend aux camions militaires et met à mal les soldats, parfois à coups de cocktails Molotov. Cette montée de la violence conforte le Gouvernement dans l'idée qu'ils ont affaire à des émeutes contre-révolutionnaires qu'il faut écraser dans le sang. Un ultimatum est ensuite posé : la place Tian'anmen doit être évacuée pour 6 heures du matin, le 4 juin.

Graffiti représentant des jeunes manifestants blessés.

Le soir, les barricades d'autobus sont enfoncées par des blindés et les soldats reçoivent l'autorisation de tirer sur les civils dans les artères principales de la ville, notamment sur ceux qui rejoignent la place, ainsi que sur les ambulances venant aider les blessés. Les chars de l'Armée populaire de libération forcent le passage vers la place, détruisent les barricades construites par les manifestants et la population, et tirent à l'aveugle. Aux personnes encore présentes sur la place Tian'anmen, une dernière offre d'amnistie est proposée, ce que certains acceptent, mais quelques milliers d'étudiants choisissent de rester. Les chars et les soldats encerclent désormais l'endroit et se préparent à l'évacuer par la force, écrasant les tentes des manifestants sur leur passage. À 5 h 40, il ne reste plus rien.

L'HOMME DE TIAN'ANMEN

Le 5 juin sur l'avenue Chang'an (avenue de la Paix éternelle), à quelques mètres seulement de la place Tian'anmen, un homme empêche une colonne de chars d'avancer. Le premier véhicule tente plusieurs fois de le contourner, mais le jeune homme – rebaptisé *Tank Man* par la presse – se déplace à chaque fois devant lui.

Dessin de Michael Mandiberg représentant Tank Man.

La violente répression met brutalement un terme aux manifestations dans l'ensemble du pays. Les personnes suspectées d'y avoir participé sont alors arrêtées, jugées et souvent exécutées. Le Gouvernement chinois recensera 200 morts et plusieurs milliers de blessés, précisant que la majorité des manifestants étaient des criminels ayant entraîné les étudiants dans la confrontation. Les estimations sur le bilan exact de la répression varient selon les sources et peuvent atteindre plusieurs milliers. Pour beaucoup, le nombre de victimes ne pourra jamais être véritablement connu, étant donné l'amnésie organisée depuis ce jour par les autorités à Pékin. Après cette terrible nuit, la chasse aux contestataires et à leurs sympathisants est ouverte et s'annonce impitoyable. Suite à la diffusion de plusieurs avis de recherche, les deux tiers des meneurs étudiants sont contraints de s'exiler.

RÉPERCUSSIONS

DES ÉVÉNEMENTS CONDAMNÉS À L'ÉTRANGER

À l'étranger, le choc est profond. Des millions de spectateurs sont rivés à leur poste de télévision qui retransmet tous les événements. Pour la première fois, le monde est confronté à une facette du régime chinois jusqu'ici soigneusement dissimulée.

Dès le 5 juin, le président américain Georges Herbert Walker Bush (né en 1924) annonce l'arrêt de la vente d'armes et des exportations vers la Chine, la suspension des visites et contacts officiels, la prolongation des visas des étudiants chinois présents sur le sol américain, ainsi que l'octroi d'une aide médicale et humanitaire au profit des victimes. La Communauté économique européenne (CEE) prend également des dispositions à l'encontre de la Chine en annulant les visites officielles et en suspendant les prêts en cours. D'autres sanctions économiques sont également prises : la Banque mondiale gèle ainsi les crédits devant servir à financer des projets chinois dans le secteur des transports et de l'énergie. L'impact économique est important, les recettes touristiques et les investissements étrangers chutant considérablement.

LE SAVIEZ-VOUS ?

Certains pays comme la république démocratique d'Allemagne, la Corée du Nord, Cuba ou encore la Roumanie, apportent leur soutien à la Chine et approuvent officiellement la répression. À l'inverse, des radios occidentales proposent à leurs auditeurs de saturer les lignes téléphoniques des postes de police chinois par leurs appels afin de faire barrage aux délations.

LA FIN DU MOUVEMENT POPULAIRE
POUR LA DÉMOCRATIE

Après le massacre du 4 juin, les associations autonomes d'étudiants sont dissoutes. Leurs leaders sont pourchassés, arrêtés et souvent emprisonnés, et leurs membres ont l'obligation de se présenter spontanément à la police afin d'y faire leur autocritique. Les universités sont reprises en main par le PCC qui interdit formellement aux étudiants de militer en faveur d'une démocratisation politique. En outre, chaque nouvel étudiant doit désormais effectuer un stage à l'armée.

La répression touche également certains citoyens qui sont matraqués et parfois même sommairement exécutés. En vue de sauvegarder leur sécurité, une grande partie des intellectuels chinois ayant participé aux manifestations s'exilent en Occident, principalement en France et aux États-Unis. Le mouvement initié le 15 avril à la mort de Hu Yaobang est donc contraint de passer dans la clandestinité. Dès lors, privé des intellectuels et de la médiatisation qui avait fait sa force, le mouvement de Tian'anmen finit par s'essouffler.

UN RÉGIME QUI PERDURE

En réprimant de manière violente ces manifestations, le Gouvernement a perdu une grande part de sa légitimité, et tout espoir d'une prochaine démocratisation est écrasé. Malgré tout, le régime communiste perdure et s'adapte au nouveau climat qui règne dans le pays et aux changements sur la scène internationale. En effet, la chute des États communistes de l'Est conforte le PCC dans l'idée qu'il doit mener une politique coriace et intensifier le contrôle qu'il exerce sur la société et la presse afin de subsister. La propagande s'avère efficace, au point que certains étudiants s'interrogent sur le bien-fondé de leur action et se demandent quel aurait été l'avenir de la Chine s'ils avaient remporté la victoire.

En 1992, Deng Xiaoping relance sa politique économique, mise de côté suite aux incertitudes politiques et à l'isolement international de 1989, avec comme objectif de placer la Chine au niveau des grandes puissances, tout en conservant les préceptes du communisme.

LA CENSURE DU GOUVERNEMENT CHINOIS

Dès le mois de juin, le Parti communiste chinois s'approprie les événements afin d'en contrôler la mémoire. Les autorités veulent en effet instaurer une histoire officielle pour les générations futures, c'est-à-dire celles nées après 1989, afin de faire oublier les témoignages des victimes. Dans cette histoire revisitée, les soldats n'ont fait que se défendre face à un petit nombre d'émeutiers qui les ont attaqués. En outre, selon la version du Gouvernement, il n'y aurait eu aucun mort à déplorer sur la place Tian'anmen.

Ce qui s'est passé en cette année 1989 est donc extrêmement tabou en Chine, et le sujet n'est jamais traité par les médias en raison de la censure exercée par le parti, si bien que la jeune génération n'a jamais entendu parler – ou alors très peu – de ces événements. La censure s'applique tout particulièrement sur Internet, où toute mention du 4 juin est traquée sur les réseaux sociaux et les blogs.

Toute commémoration du 4 juin est interdite en Chine. Il n'existe d'ailleurs aucun monument, aucune statue en hommage aux victimes. Pourtant, chaque année, plusieurs personnes ayant participé au mouvement tentent de revenir sur la place Tian'anmen afin d'honorer la mémoire des morts, mais ils en sont chaque fois empêchés par des policiers en civil. Plusieurs groupes de soutien se sont également formés, dont notamment celui des Mères de Tian'anmen, afin qu'une véritable enquête soit menée, que le Gouvernement reconnaisse sa responsabilité dans les massacres et qu'il publie une liste des personnes décédées. Mais leurs revendications sont jusqu'à présent restées lettre morte.

- Dès la fin des années soixante-dix, plusieurs mouvements d'étudiants et d'intellectuels se mettent en place pour protester contre la stagnation des réformes politiques, qu'ils pensaient pourtant aller de pair avec la libéralisation économique réalisée par l'homme fort du PCC, Deng Xiaoping.

- En 1989, le ras-le-bol est général. Profitant du décès d'un ancien membre du parti, Hu Yaobang, connu pour avoir apporté son soutien aux manifestations étudiantes par le passé, les étudiants sortent dans la rue pour exprimer leur mécontentement. Cette fois, ils sont suivis non seulement par des intellectuels, mais également par une partie de la population. Peu à peu, les mouvements de contestation prennent de l'ampleur et les étudiants investissent la place Tian'anmen, haut lieu symbolique de la Chine communiste. Les slogans scandés appellent à une plus grande démocratisation du PCC et dénoncent la corruption grandissante des cadres.

- Le Gouvernement chinois tarde à réagir à cause des divisions internes qu'il connaît au sein du PCC. Certains, dont fait partie Zhao Ziyang, sont d'avis d'écouter les revendications et d'amener le parti à se réformer. D'autres, dont Li Peng et Deng Xiaoping, considèrent les manifestants comme des contre-révolutionnaires qui profitent de la mort de Hu Yaobang pour tenter de renverser le PCC.

- Après avoir décrété la loi martiale et envoyé une première fois l'armée sans succès, Deng Xiaoping, sous le couvert du Premier ministre, ordonne le grand nettoyage de la place Tian'anmen dans la nuit du 3 au 4 juin. Les soldats et les chars forcent le passage et les barricades improvisées par la population afin d'atteindre leur objectif. Le nombre de victimes survenues cette nuit-là n'a jamais été déterminé avec précision. La répression et les nombreuses arrestations conduisent un certain nombre d'étudiants et d'intellectuels à s'exiler.

Depuis 1989, les événements de la place Tian'anmen sont devenus un sujet tabou en Chine. Les autorités appliquent une censure sévère, notamment sur Internet, et imposent une version officielle de l'histoire qui est réécrite pour l'occasion. Les nouvelles générations n'ont donc que peu de connaissance de ces événements et toutes les revendications portant sur la reconnaissance du massacre sont réprimées.

POUR ALLER PLUS LOIN

SOURCES BIBLIOGRAPHIQUES

- ANGELOFF (Tania), *Histoire de la société chinoise. 1949-2009*, Paris, La Découverte, 2010.
- BÉJA (Jean-Philippe), *À la recherche d'une ombre chinoise. Le mouvement pour la démocratie en Chine (1919-2004)*, Paris, Seuil, 2004.
- BENSON (Linda), *La Chine depuis 1949*, Bruxelles, Éditions de l'Université de Bruxelles, 2012.
- BERGÈRE (Marie-Claire), *La Chine de 1949 à nos jours*, Paris, Armand Colin, 2000.
- BERGÈRE (Marie-Claire), « Tian'anmen 1989 », in *Vingtième Siècle*, n° 27, 1990, p. 3-14.
- CHIENG (André) et BETBÈZE (Jean-Paul), *Les 100 mots de la Chine*, Paris, Presses universitaires de France, 2010.
- DUCHÂTEL (Mathieu) et ZYLBERMAN (Joris), *Les nouveaux communistes chinois*, Paris, Armand Colin, 2011.
- GERNET (Jacques), *Le monde chinois. L'époque contemporaine*, t. 3, Paris, Pocket, 2011.
- PUEL (Caroline), *Les trente ans qui ont changé la Chine (1980-2010)*, Paris, Buchet Chastel, 2011.
- ROUX (Alain), *La Chine au XXe siècle*, Paris, Armand Colin, 2006.
- ROUX (Alain), *La Chine contemporaine*, Paris, Armand Colin, 2010.
- SAN JUAN (Thierry), *Le dictionnaire de la Chine contemporaine*, Paris, Armand Colin, 2006.

SOURCES COMPLÉMENTAIRES

- ANCHEE (Min), DUO (Duo) et LANDSBERG (Stefan R.), *Chinese Propaganda Posters. From the Collection of Michael Wolf*, Cologne, Taschen, 2008.

- Béja (Jean-Philippe), « Tian'anmen, dix ans après. Une rupture dans l'histoire de l'opposition en Chine », in *Perspectives chinoises*, n° 53, 1999, p. 4-12.
- Brook (Timothy), *Quelling the People. The Military Suppression of the Beijing Democracy Movement*, Stanford, Stanford University Press, 1998.
- Gombeaud (Adrien), *L'homme de la place Tian'anmen. Histoire d'une image*, Paris, Seuil, 2009.
- Peyrefitte (Alain), *La tragédie chinoise*, Paris, Fayard, 1990.
- Wilmots (André), *Gestion politique et centres du pouvoir en république populaire de Chine*, Paris, L'Harmattan, 2001.
- Zhang (Liang), *Les archives de Tian'anmen*, Paris, Le Félin, 2004.

SOURCES ICONOGRAPHIQUES

- Reproduction de la Déesse de la démocratie de la place Tian'anmen. La photo reproduite est réputée libre de droits.
- Graffiti représentant des jeunes manifestants blessés. La photo reproduite est réputée libre de droits.
- Dessin de Michael Mandiberg représentant Tank Man. La photo reproduite est réputée libre de droits.

DOCUMENTAIRES

- *Les Manifestations de la place Tian'anmen. Mystères d'archives*, documentaire de Serge Viallet, France, 2011.
- *Tian'anmen, vingt-cinq ans après*, documentaire de Thomas Weidenbach et Shi Wing, Allemagne, 2009.

www.50minutes.com

Éditeur responsable : Lemaitre Publishing
Rue Lemaitre 6 | BE-5000 Namur
info@lemaitre-editions.com

ISBN ebook : 978-2-8062-5954-7
ISBN papier : 978-2-8062-5955-4
Dépôt légal : D/2015/12603/138
Photo de couverture : réputée libre de droits.

Conception numérique : Primento,
le partenaire numérique des éditeurs